AF250958

FORS & COUTUMES
DE
LA CONTRÉE DE BIGORRE

(Confirme la Couverture

FORS & COUTUMES

DE

BAGNÈRES-DE-BIGORRE

Reproduction, confirmation et amendement par Esquivat comte de Bigorre et seigneur de Chabannes, en date du 3 des ides de septembre 1251 (11 septembre 1251), des Fors et Coutumes accordés aux habitants de Bagnères, le 4 des nones de septembre 1171 (4 mai 1171), par Centulle III comte de Bigorre.

FORS & COUTUMES

DE

BAGNÈRES-DE-BIGORRE

Reproduction, confirmation et amendement par Esquivat comte de Bigorre et seigneur de Chabannes, en date du 3 des ides de septembre 1251 (11 septembre 1251), des Fors et Coutumes accordés aux habitants de Bagnères, le 4 des nones de septembre 1171 (4 mai 1171), par Centulle III comte de Bigorre.

Nous nous proposons de publier, dans le Bulletin de la Société Ramond, un certain nombre de pièces extraites de nos archives et intéressant notre pays. Nous nous sommes efforcés de reproduire le texte ci-dessous aussi fidèlement que possible, et si nous avons réussi, c'est grâces au concours dévoué et intelligent de M. Durier, archiviste du département, et de M. Castillon, archiviste de Bagnères, qui ont bien voulu collationner avec soin nos transcriptions et réviser les épreuves sur les manuscrits.

Centulle III accorda des fors et coutumes à la ville de Bagnères par une charte datée de l'an 1171 et du 4 des nones de septembre.

(4 Trimestre 1882) (Bulletin de la Société Ramond)

Cet acte important n'existe plus dans nos archives et nous ne savons à quelle époque il a pu disparaître.

(1) L'an 1685 et le 2 février et 6 juillet, les consuls de Bagnères présentèrent à MM. de Foucault et Desmarets, intendants du royaume de Navarre, pays de Navarre et autres adjacents, deux requêtes contre le fermier général du Domaine qui prétendait que les droits et privilèges dont ladite ville jouissait depuis un temps immémorial avaient été usurpés sur le Domaine. Pour prouver le contraire, le (2) syndic de Bagnères produisit : 1° un acte du 17 mai 1116, par lequel Roger II, comte de Foix et de Bigorre (3), accordait divers privilèges à la ville de Bagnères ; 2° l'acte des fors et coutumes accordés par Centulle le 4 des nones de septembre 1171 ; 3° les lettres patentes d'Esquivat du 3 des ides de septembre 1251 (la pièce que nous donnons) et du 4° jour devant les calendes d'octobre 1252 dont copie se trouve dans nos archives (liasse 1re, n° 6 et 10) ; 4° le jugement souverain rendu par Messieurs les intendants de Guyenne et de Languedoc et M. de Froidour, commissaire, le 5 mai 1670.

Il semble résulter de ces documents que la pièce originale existait encore dans nos archives en 1685. Elle avait disparu au commencement de ce siècle lorsque le P. Laspalles rédigea le manuscrit dans lequel il signale p. 315 l'absence de cette pièce, ainsi que celle de l'original des lettres patentes accordées par Esquivat en 1252.

La pièce que nous reproduisons date de l'an 1251. C'est un grand parchemin, en bon état de conservation, ayant 60 centimètres sur 40. (Liasse première, n° 1). On ne voit plus le *sceau pendant*, on ne trouve que les cordelettes qui le retenaient.

L'acte primitif est suivi de quelques modifications ou améliorations apportées par Esquivat.

(1) Répertoire manuscrit du P. Laspalles, p. 11.

(2) Loco citato, p. 21.

(3) Le P. Laspalles fait remarquer que Roger II n'était pas comte de Bigorre en 1116, c'était Centulle II qui dominait en Bigorre à cette époque. Cette charte n'est plus dans nos archives et il n'y en a même pas de copie. On la trouve seulement citée dans la requête présentée par les consuls en 1685. (Liasse 2e, n° 3.)

Cette pièce a été publiée pour la première fois par M. Davezac-Macaya (1) dont la transcription est fautive ainsi que le remarque M. Luchaire (2) en tête de la reproduction qu'il a récemment donnée et qui, elle non plus, n'est pas à l'abri de tout reproche. Quelques erreurs, sans doute typographiques, se sont glissées et peuvent rendre obscur le sens de quelques passages.

Cette charte a été plusieurs fois transcrite et traduite. Les archives de Bagnères contiennent les pièces suivantes, que nous classons dans l'ordre chronologique :

Liasse 1re, no 2. — L'an 1339 et le 8 janvier vidimé sur parchemin de la pièce que nous publions fait à la prévôté de Paris. C'est une transcription fidèle.

Liasse 1re, no 9 bis. — L'an 1400 et le 4 novembre vidimé sur parchemin fait au sénéchal de Bigorre d'autre vidimé en langue latine des fors et coutumes accordés aux habitants, etc., fait par Guillaume, évêque de Tarbes, en 1310.

C'est la pièce no 1, dont le patois est habillé en latin. Nous en donnerons quelques extraits pour éclaircir le sens des passages difficiles.

Liasse 1re, no 3. — Pièce sur papier portant le timbre de la généralité de Pau. Transcription incorrecte et sans date.

Liasse 1re, no 4. — Transcription sur papier du vidimé fait à la prévôté de Paris. (Liasse 1re, no 2.)

Liasse 1re, no 5. — Cahier en papier de 36 pages ; page 1-10 traduction française.

Liasse 1re, no 6. — Cahier de 49 pages écrit le 10 décembre 1667, pages 17 à 29. Traduction française.

Le P. Laspalles, dans son intéressant répertoire donne, pages 1 à 5, une traduction de cette pièce et pages 11 à 13 une analyse des lettres patentes confirmant et étendant les privilèges accordés à Bagnères. (3)

---

(1) Essais historiques sur le Bigorre, t. 1, p. 235.

(2) Recueil de textes de l'ancien dialecte gascon, p. 20.

(3) Les coutumes de Maubourguet, les privilèges de Lourdes rapportés par M. Bascle de Lagrèze dans son Histoire du Droit dans les Pyrénées, ne sont, dans leurs principaux articles, que la reproduction des Fors et Coutumes de Bagnères.

En nom de nostresenhor Dieu Iehu-Crist.

Conoguda causa sia a totz homes e femnes presentz e habiedors, que Nos, Centod, per la gracie de Dieu, comter de Begorre, sufertes mantes bergonhes e grans dampnadges el comptad de Begorre per nostres frontaders Nauars, Teesiis, Bascos, Aragones, qui aucunes bogades entrauon el comptad de Begorre poderosementz, e arcebudz aucuns laugs fortz que fazen grans mals en la terre de Begorre; per so, Nos, auant dit Centod, agud cosselh e ab ferm autrei dels barons e de tote la cort de la terre de Begorre, dam franqeces e durables costumes au laug e aus pobladors e als habitadors presentz e abiedors dels borgs de Banheres asi cum en queste carte es escriut, per so quel senhor e tote la terre i trobas cosselh et defense

Au nom de notre seigneur Dieu Jesus-Christ.

Soit chose connue à tous hommes et femmes, présents et à venir, que Nous, Centod, par la grâce de Dieu comte de Bigorre, mains affronts et grands dommages ayant été soufferts dans le comté de Bigorre par le fait de nos voisins limitrophes Navarrais, Tescins (1), Basques, Aragonais, qui plusieurs fois entraient en force dans le comté de Bigorre, et reçus en certains lieux fortifiés faisaient grands maux en la terre de Bigorre; pour ce, Nous, ci-devant dit Centod, après conseil et avec le ferme consentement des barons et de toute la cour de la terre de Bigorre, donnons franchises et durables coutumes au lieu et à la population et aux habitants présents et à venir des bourgs de Bagnères, ainsi qu'il est écrit en cette charte, pour que le seigneur et toute la terre y trouvent conseil et défense.

Art. 1. — En la prumarie, Nos Centot, compte de Begorre, dam e autreiam per for e per costume au sou e aus pobladors dels borgs de Banheres presentz e habiedors que tenguen e possedesquen lors masons dedentz los murs e defore murs, tant cum son las foracs arrerdoes dels ambaradz, els ambaradz, els costoos, els baraz, e d'aqui en entz,

Art. 1. — En premier lieu, Nous Centot, comte de Bigorre, donnons et octroyons pour for et pour coutume au sol et à ceux qui peuplent les bourgs de Bagnères présents et à venir qu'ils tiennent et possèdent leurs maisons en dedans des murs et en dehors des murs, comme sont les locaux extérieurs aux alentours des fossés circulaires, les

---

(1) Nous empruntons à Davezac-Macaya, Essais historiques sur le Bigorre, t. 1 p. 251, la note suivante : « C'est l'avocat Mazières qui nous donne l'explication de ce mot » employé dans nos plus vieilles chartes de communes. Les Tescins, dit-il, étaient les » habitants des plus hautes montagnes d'Aragon et plus voisines des vallées d'Azun et de » Baréges, et encore certains endroits desdites montagnes sont appelés Tescins; et se » trouve que les Tescins, avec l'assistance des Aragonais et des Navarrais, ont couru la » terre de Bigorre, mettant le tout à feu et à sang, jusqu'à la Rivière-Ousse. »

ab aqued sens que a nos i an autreiad de dar los ditz borzes e de pagar, a la feste de Nadal, totz ans, de an e an.

Art. 2. — E quels dam e quels autreiam per for et per costume que nulh bezin dels borgs de Banheres a nos ni a nostres successors que no sien tengudz de dar ni de prestar ni de manleuar per dener, si nos bolen.

Art. 3. — E en apres quels dam els autreiam per for e per costume que si aucuns hom se clamaue de nulh son bezin de la biele de Banheres de cab d'ome ni de fons de terre qui sie el terretori de la biele de Banheres, ni el dezmari de las gleises de la auant dite biele, quen deu clamar e fermar dreit en nostre maa, o dels autres senhors qui apres nos seran, e que deu ester iudgad e determenat per los iudges dels borgs de Banheres.

Art. 4. — E quels dam mes per for e per costume els autreiam que, sil senhor ni autre home ere clamant de nulh home dels borgs, que dentz las cadenes dels borgs fasse dreit e iudgament cum deura, e que deu ester iudgad e determeat per los

fossés circulaires, les Coustous, les fossés, et dorénavant, sous la redevance dont eux, lesdits bourgeois, nous ont consenti le le don et le paiement, à la fête de Noël, tous les ans, et d'année en année.

Art. 2. — Et leur donnons et leur octroyons pour for et pour coutume que nul voisin des bourgs de Bagnères ne soit tenu envers nous et envers nos successeurs de donner, de prêter ni de cautionner pour dettes s'ils ne le veulent. (1)

Art. 3. (2) — Et ensuite leur donnons et leur octroyons pour for et pour coutume que si quelque homme portait plainte contre un des voisins de la ville de Bagnères pour tête d'homme ou pour fonds de terre qui soit dans le territoire de la ville de Bagnères, et dans la dimerie des églises de la ci-devant dite ville, il doit demander et affirmer son droit en notre main, ou en celle des autres seigneurs qui seront après nous, et ce doit être jugé et déterminé par les juges des bourgs de Bagnères.

Art. 4. — Et de plus leur donnons pour for et pour coutume et leur octroyons que, si le seigneur ou un autre homme était demandeur contre quelque homme des bourgs, que celui-ci fasse droit et jugement ainsi qu'il devra, en dedans des chaines

---

(1) La pièce latine de 1400 traduit ainsi : « Item damus et concedimus pro foro et pro consuetudine quod nullus bicinus de burgis de Banheriis teneantur nobis nec non nostris successoribus dare vel prestare seu manullevare nisi velint. »

Mazure et Hatoulet, Fors du Béarn, Fors de Morlaas. L'art. 17, p. 116, présente un sens différent : « senh voluntat deu senhor. »

(2) Maz. et Hat., For général, art. 189, p. 71 : « Fonds de terre et tête d'homme, c'est-à-dire qualité des terres et des personnes. »

iudges dels borgs de Banheres e dentz las cadenes dels ditz borgs.

Art. 5. — E quels dam els autreiam per for e per costume als borzes dels borgs de Banheres qe totz lors embargs els deutes posquen prauar senes batalhes, ab testimonis leials, per garde dels iudges de Banheres, o ab. 1. iudge.

Art. 6. — E quels dam els autreiam als borgs de Banheres per for e per costume que, si nulh home i benie per bezin ester, e sera mostrad em bezial per bezin, e apres aura estad els borgs .1. an e .1. die senes degune reclamation, quel deuen amparar cum a bezin, e iudgar, el senhor defener.

Art. 7. — E quels dam els autreiam per for e per costume als borzes dels borgs de Banheres esploit a lor obs e a lors bestiars, els pastenes e en las herbes e en las aigues e els boses o en las pex e en las autres causes qui als auant ditz laugs apertenen, esploit e usadge franquementz.

Art. 8. — E sober aiso, quels

des bourgs de Bagnères et ce doit être jugé et déterminé par les juges des bourgs de Bagnères en dedans des chaines desdits bourgs. (1)

Art. 5. (2) — Et leur donnons et leur octroyons pour for et pour coutume aux bourgeois des bourgs de Bagnères, qu'ils puissent prouver sans bataille tous leurs engagements et leurs dettes par des témoins loyaux, à la garde des juges de Bagnères, ou avec un seul juge.

Art. 6. (3) — Et leur donnons et leur octroyons aux bourgs de Bagnères, pour for et pour coutume que si quelque homme y venait pour être voisin, il sera montré dans la Véziau comme (futur) voisin, et après être resté dans les bourgs un an et un jour sans soulever aucune réclamation, il doit être soutenu et jugé comme voisin, et le seigneur doit le défendre.

Art. 7. — Et leur donnons et leur octroyons pour for et pour coutume aux bourgeois des bourgs de Bagnères l'exploitation, pour leurs besoins et pour leurs bestiaux, et des pâturages, et des herbes, et des eaux, et des bois, et des pacages, et de toutes les autres choses qui appartiennent aux lieux ci-devant dits ; exploitation et usage en franchise.

Art. 8. (4) — Et en sus, leur

(1) Maz et Hat., Fors de Morl. art. 32 p. 120 et For d'Oloron, art. 11, p. 214.

(2) Maz. et Hat., Fors de Morl., art. 137, p. 118.

(3) For d'Oloron, ar. 5, p. 213.

(4) For général, art. 131 à 152, Pignorations MM. Mazure et Hatoulet donnent. p. 52, une note établissant les caractères de la *pignoration* : « la saisie exercée immédiatement » pour le créancier et par lui, prenant l'objet en gage, *pignus*, réellement et comme représentant sa propre chose qui se trouve entre les mains du débiteur. »

dam els autreiam per for o per costume que no senhor ni autre bezin draps de lheitz no posqe trozer ni penherar de maison dels borgs de Banheres.

Art. 9. — E quels dam o quels autreiam per for o per costume que, si aucuns hom estrani aucun autre hom o femne dels auant ditz borgs amenaue en son guidoadge em Banheres, que per dos dies li posqe guidar si homo no i a mort o pres.

Pero, si nulh home defores qui lor bezin no fos, aue tort a bezin dels auant dits borgs d'embargs o d'autres dammadges quel agos feit, quel senhor ni nulh bezin de la biele que no li deu meter ni guidar oltro ⊦a uoluntad del bezin a cui lo tort auera de deutes o d'autres causes si no asi cum auant dit es.

Art. 10. — E quels dam els autreiam per for o per costume quel senhor nil bezin no meten tantes de gentz estranies els auant ditz borgs que dampnadges ne mals no podossen bier als borgs ni a la senhorie ; nils bezins i podossen ester forsadz.

Art. 11. — E quels dam els autreiam per for o per costume

donnons et leur octroyons pour for et pour coutume que ni seigneur ni autre voisin ne puisse enlever et *pignorer* les draps de lit hors les maisons des bourgs de Bagnères.

Art. 9.(1) — Et leur donnons et leur octroyons pour for et pour coutume que si un homme ou une femme des bourgs ci-devant dits amenaient sous leur sauvegarde un homme étranger à Bagnères, que celui-ci puisse demeurer en sûreté pendant deux jours, s'il n'y a ni tué ni blessé personne.

Mais si quelque homme du dehors qui ne fut pas voisin, avait fait tort à un voisin des ci-devant dits bourgs pour engagements ou pour d'autres dommages qu'il lui aurait causés, que le seigneur ou nul voisin de la ville ne doive l'y introduire en sauvegarde contre la volonté du voisin à qui le tort aura été fait soit pour dettes, soit pour autres choses si ce n'est comme il est dit ci-devant.

Art. 10. — Et leur donnons et leur octroyons pour for et pour coutume que, ni le seigneur ni un voisin ne doivent introduire un si grand nombre de gens étrangers dans les ci-devant dits bourgs qu'il pût en survenir mal ou dommage pour les bourgs ou pour la seigneurie ; et que les voisins ne pussent être forcés (à les recevoir).

Art. 11. — Et leur donnons et leur octroyons pour for et pour

---

(1) Vidimé de 1400 : Item damus eis et concedimus pro foro et pro consuetudine quod si aliquem hominem extraneum aliquis homo vel mulier de predictis burgis adducebat in protectione sua apud Banherias, quod per duos dies possit ipsum ibi guidare nisi hominem interfecerit ibi vel ceperit violenter.

als auant ditz borzes que totes
lors terres e lors possessions e
lors heretadz lascals tenen fran-
ques e afieus, posquen melhurar
en totes maneires, lo fieu saub
al senhor.

Art. 12. — E quels dam els
autreiam per for e per costume
que nel senhor ni autre home
no deu prener nulh homer estrani em Banheres si dreit pod e
uol fermar, per conuguda dels
iudges dels borgs de Banheres.

Art. 13. — E quels dam els
autreiam per for e per costume
que totes lors causes que bene-
ran posquen guidar del senhor
e dels bezins entro quel com-
prador ag ago en laug saub.

Art. 14. — E quels dam els
autreian (sic) per for e per costume que si nulh caualgant do-
baraue a borzes ni a borzese,
tant cum ab lui sera en la carre-
re, per deute ni per embarg no
sic penherad.

Art. 15. — E quels dam els
autreiam per for e per costume,
que de Pasqe entro a Pente-
coste que totz hom e tote femne
posque bener bii o pomade ab.
1. de. de la conque quen done
al senhor de tant cum no benera.

Art. 16. — E quels dam els
autreiam per for e per costume
que, si aucuns hom estrani faze
barate ab aucun borzes dels

coutume aux ci-devant dits bourgeois que toutes leurs terres et
leurs possessions et leurs héritages qu'ils tiennent en franchise
ou avec fiefs, ils les puissent
améliorer en toutes manières, le
fief étant sauf pour le seigneur.

Art. 12. — Et leur donnons
et leur octroyons pour for et
pour coutume que ni le seigneur
ni personne autre ne doit arrê-
ter un homme étranger en Bagnères, si celui-ci peut et veut
affirmer son droit, à la connaissance des juges des bourgs de
Bagnères.

Art. 13. — Et leur donnons et
leur octroyons pour for et pour
coutume que toutes les choses
qu'ils vendront, ils les puissent
mettre sous la sauvegarde du
seigneur et des voisins jusqu'à
ce que l'acheteur les ait en lieu
sûr.

Art. 14. — Et leur donnons et
leur octroyons pour for et pour
coutume que, si quelque cava-
lier descendait (de son cheval)
devant bourgeois ou bourgeoise,
tant qu'il sera avec eux dans la
rue, pour dettes ni pour engage-
ment il ne soit pignoré.

Art. 15. (1)— Et leur donnons
et leur octroyons pour for et
pour coutume que de Pâques
jusques à la Pentecôte, tout
homme ou femme puisse vendre du vin ou du cidre pourvu
qu'il soit donné au seigneur un
denier pour chaque conque de
tout ce qui sera vendu.

Art. 16. — Et leur donnons et
leur octroyons pour for et pour
coutume que si quelque homme
étranger faisait marché avec

(1) Règlements différents. For de Morl., art. 1, p. 111. Fors d'Oloron, art. 18, p. 216.

borgs de Banheres, que no po-
dos prauar la pague ni la solte
sino ab bezins estadgantz (1) e
fog alugantz dentz las cadenes
dels auant ditz borgs.

Art. 17. — E quels dam els
autreiam per for e per costume
que, si aucuns borzes de Banheres aue batalhes fermades en
maa del senhor, e si estreze sen
uol, ab. LX. e. v. sl. que done
al senhor s'en pod estreze : e si
las batalhes faze e ere beneud
ab. LX. e. v. sl. qo des de lei
al senhor, deu garir.

Art. 18. — E quels dam els
autreiam per for e per costume
que. III. begades en l'an, si nos
obs ag auem, nos deuen far ost ;
e nos quels ag deuem manar
leialmentz per. IX. dies denant ;
e en après que deuen eixir ab
paa per. IX. dies.

La prumere ost que es de
Pasqe entre la feste de Sen
Iohan Babtiste ; la segunde de
Martro entro a Nadal ; la terce
de Nadal entro entrad de Cares-
me can que nos las aiam obs.

E que deu ost far de cade
maison. I. home si i es que far
la pusqe, e aqued que deu ester
lo senhor de la maison, o frai, o
filh, o cosin, o nebod, saub que
a la biele gardar no deuen armaze per gardo dels iudges : e
so nulhs hom se armaze sens

quelque bourgeois des bourgs
de Bagnères, il ne put prouver
le paiement ou la soulte sinon
par voisins domiciliés et feu
allumans en dedans des chaines
des ci-devant dits bourgs.

Art. 17. (2) — Et leur donnons
et leur octroyons pour for et
pour coutume que, si quelque
bourgeois de Bagnères avait bataille cautionnée dans la main
du seigneur, et s'il veut s'y soustraire, avec soixante-cinq sols
donnés au seigneur il peut
s'y soustraire ; et s'il livrait la
bataille et s'il était vaincu, avec
soixante-cinq sols donnés au
seigneur, il doit être garanti.

Art. 18. — Et leur donnons et
leur octroyons pour for et pour
coutume que trois fois l'an (3), si
nous en avons besoin, ils nous
doivent faire l'ost ; et nous devons le leur mander loyalement
neuf jours avant ; et ensuite ils
doivent sortir avec du pain pour
neuf jours.

Le premier ost est depuis Pâques jusqu'à la fête de St-Jean-
Baptiste : le second, de la Toussaint à Noël ; le troisième de
Noël jusqu'à l'entrée du Carè-
me, selon que nous en ayons
besoin.

Et doit faire l'ost un homme
de chaque maison, s'il y en a un
qui puisse le faire, et celui-là
doit être le maître de la maison,
ou son frère, ou son fils, ou son
cousin, ou son neveu, à moins
qu'il ne doive garder la ville et
ne reste d'après la décision des

(1) Estadgant, terme encore usité dans les villages voisins de Bagnères.

(2) For de Morl., art. 67, p. 159 et art. 5, p. 112.

(3) For de Morl., art. 55, p. 120. Dispositions différentes, For d'Oloron, art. 8, p. 215, For d'Ossau, art. 6, p. 222.

tens legal que no agos, quen deuem auer nos. V. sl. de lei.

E si la ost anaue en las partides sober la bicle de Banheres, la ost de Banheres no es tengude de eixir tro en autre die que la ost aie passade la bicle de Banheres; e si la ost anaue deius Banheres, per mades combent, entro qe los desus no sien passadz.

E si als ditz borzes combenie a portar escudz ni garnimentz, nos los deuem auer saumes, e apres quels deuem tramete au cabdal de la terre ab cui anen e tornen. El nostre Beger que deu portar la senhere ab los bezins de Banheres.

Art. 19. — E quels dam els autreiam per for e per costume que nulhs hom qui sie bezin de Banheres no sie pres si dreit pod fermar.

Art. 20. — E quels dam els autreiam per for e per costume que, si nos erem de clam de nulh bezin terre tient de Banheres, nol deuem destrenher per dar segurtance mas quel deuem far iudgar sober sas causes e per coneguda dels auant ditz iudges.

Art. 21. — E quels dam els autreiam per for que dreitz pees, dreitz marcs, dreites liures, a la

Juges; et si quelque homme restait sans qu'il put légalement le faire, de lui nous devons recevoir 5 sols d'amende.

Et si l'ost allait dans les parties situées au-dessus de la ville de Bagnères, l'ost de Bagnères n'est tenu de sortir que le jour qui suit le passage de l'ost dans la ville de Bagnères; et si l'ost allait au-dessous de Bagnères que ceux de Bagnères sortent de la même manière lorsque ceux de dessus seront passés.

Et s'il convenait auxdits bourgeois de porter des écus et des harnois, nous leur devons fournir des bêtes de somme, et après nous devons les confier au chef principal de la terre avec lequel ils doivent aller et retourner. Et notre Viguier doit porter la bannière avec les voisins de Bagnères.

Art. 19. (1) — Et leur donnons et leur octroyons pour for et pour coutume que nul homme qui soit voisin de Bagnères, ne soit arrété s'il peut affirmer son droit.

Art. 20. (2) — Et leur donnons et leur octroyons pour for et pour coutume que, si nous avions plainte contre quelque voisin terre-tenant de Bagnères, nous ne devons pas le contraindre à nous donner des sûretés, mais nous devons le faire juger sur ses biens et à la connaissance des ci-devant dits juges.

Art. 21 (3). — Et leur donnons et leur octroyons pour for qu'on doit tenir à Bagnères des poids

(1) For de Morl., art. 6 et 7, p. 112, 113.
(2) For de Morl., art. 9, p. 113.
(3) For de Morl, art. 12, p. 114. Fors d'Oloron, art. 24, p. 217.

arazon del marc de Tholose, tenge hom em Banheres, e dreites mesures e dreites canes : e qui no a fara si prauad l'ere, nos i deuem auer V. sl. de lei; e si la cane ere usade ni abracade per bielhece lo trauers d'un did, no i deuem auer lei aquere begade, mas que deu ester peciade.

E en totz hom qui fause mesure tiera per bener quei deuem nos auer. V. sl. de lei.

Art. 22. — E quels dam els autreiam per for e per costume que, si nulh home bezin del dit laug prenc lairon mas bestides de laironiz, tot so que porte s'en prenque sis uol : e arrendud lo laironiz al senhor de cui panad sera estad, quen deu lo cos liurar a nos quel fassam iudgar.

Art. 23. — E que dizem e dam per for que si nulh hom feriue autre en la gleise ni em molii, e nos n'auem clamant, quei deuem auer V. sl. de lei; e si autre home qui defores fos i entraue per aiudar e i feriue maliciosementz e nos n'auem clamant, quen deuem auer L. X. e V. sl. de lei.

Art. 24. — E quels dam per for qe, si nuls hom daue assaut a maison de son bezin dels ditz borgs e per fort li entraue, el

justes, des marcs justes, des livres justes, conformément au marc de Toulouse, des mesures justes et des cannes justes; et de celui qui ne le fera pas, si on le lui prouvait, nous devons recevoir cinq sols d'amende; et si la canne était usée ou raccourcie par le temps, d'un travers de doigt, nous ne devons pas recevoir d'amende pour cette fois, mais la canne doit être mise en pièces.

Et de tout homme qui tiendra fausse mesure, nous devons recevoir 5 sols d'amende.

Art. 22. (1) — Et leur donnons et leur octroyons pour for et pour coutume que, si quelque voisin dudit lieu prenait un larron, les mains garnies du larcin, qu'il prenne, s'il le veut, tout ce que porte (le voleur); et après avoir rendu le larcin au maître auquel il aura été volé, il doit nous livrer le corps (du voleur) pour que nous le fassions juger.

Art. 23. (2) — Et nous disons et nous donnons pour for que si un homme en frappait un autre à l'église ou au moulin, et si plainte nous est portée, nous devons recevoir 5 sols d'amende; et si un autre homme entrait du dehors dans ces lieux pour aider et frappait malicieusement, et si plainte nous est portée, nous devons recevoir 65 sols d'amende.

Art. 24. (3) — Et leur donnons pour for que, si quelque homme donnait assaut à la maison de son voisin desdits bourgs de

---

(1) Fors de Morl. art. 20, p. 117. Fors d'Oloron, art. 21, p. 217.

(2) For général, art. 56, p. 25.

(3) For de Morl., art., 25, p. 117. For d'Oloron, art. 7, p. 215.

senhor de la maison no faze clam e ag prauauc, quei deu auer lo senhor de la maison XVIII. sl. per lei, e nos quen deuem auer de cade. I. LX. e. v. sl.

E sil senhor de la maison i faze plages ni autres dampnadges simazes defenden, non deu dar lei.

Art. 25. — E si nulhs hom de Banheres bole despoblar don nos no aiam denant agud clam, benude sa heretad, nos lo deuem guidar lui e sas causes entro en laug segur.

Art. 26. — E quels dam els autreiam per for e per costume que entro a. III. tens denant iudgament, bezin dels borgs de Banheres no don lei ni fidance ; si no ag fase quels iudges conogossen que per male desuite o faze, o quel iudgament fos clamat per Tarbe.

Art. 27. — E quels dam per for que, si nulh hom aucize autre som bezin de Banheres, dadz CCC. sl. als parentz per lei e a nos L X. e. v. sl. que gesque

Bagnères, et par force y pénétrait, si le maître de la maison portait plainte et faisait la preuve. le maître doit recevoir 18 sols d'amende, et nous devons recevoir de chaque assaillant 65 sols.

Et si le maître de la maison faisait des plaies ou autres dommages en se défendant lui-même, il ne doit pas donner d'amende.

Art. 25. (1) — Et si quelque homme de Bagnères voulait quitter la ville, contre lequel nous n'ayons pas eu de plainte auparavant, après qu'il a vendu son héritage. nous le devons mettre sous notre sauvegarde lui et son avoir, jusqu'à ce qu'il soit en lieu sûr.

Art. 26. (2) — Et leur donnons et leur octroyons pour for et pour coutume que jusqu'à trois délais devant jugement, voisin des bourgs de Bagnères ne donne amende ni caution ; s'il ne le faisait pas (les délais expirés), que les juges connussent s'il cherchait des faux-fuyants, ou bien s'il avait été fait appel du jugement à Tarbes.

Art. 27. (3) — Et leur donnons pour for que si quelqu'un tuait son voisin de Bagnères, après avoir donné aux parents 300 sols et à nous 65 sols d'amende

(1) For de Morl., art. 51, p. 119. L'interprétation de MM. Mazure et Hatoulet ne nous semble pas acceptable et M. de Baure traduit, avec raison , par guide , donner un sauf-conduit.

(2) Vidimé de 1100 : Quod usque ad tres cognitiones sive interloqutorias ante judicium vicini dictorum burgorum de Banheriis non deat legem nec fidejussorem nisi judices cognoscerent quod malicioze defugiebat vel quos de judicio appellaretur apud Tarviam.
For. gén. art. 197, p. 75.

(3) For général, art. 178 et suivants, p. 66 et suivantes. For de Morl. touchant le meurtre, For de Morl. art. 56 et suivants, p. 121 et 122. For d'Oloron, art. 94, p. 217. For d'Ossau, art. 20, p. 228.

del comptad de Begorre per ł temps. Els parentz del mort qu deuen perdoar estan fores la terre sils diners prenen.

E si aquestes leis no uole complir lumician, tot cant agos deu ester encossat de nos, el son cos qe deu ester metud sotz lo mort.

E de las causes encorregudes que deuem dar als parentz del mort la meitad, se plus no montauen de CCC. sl.

E sil homicidan armaze per orgulh (1) en sa maison. per cade nuit que ag fes, ses de las auant dites leis nos i deuem auer. LXV. sl. de lei per cade neit.

E si autre home l'amparaue forciuementz, sober aqued deuem auer la lei de. LX. e v. sl. per cade die.

E sil homicidan s'armade en la terre, els parentz del mort lo poden aucide que no dessen lei ni non cixissen de la biele.

E si nulh hom estrani aucide degun bezin de Banheres, que no deu entrar aqued qui mort l'agos nulhs temps dentz los dex de Banheres, e si ag faze e nulh bezin de Banheres l'aucide, que non deu ester teirgud de nos ni d'autre home.

Art. 28. — E si bezin de Banheres faze tale de fog ni de talh a autre som bezin. nos i auem LXV. sl. de lei, e que deuem far adobar la tale el dampnadge ad

qu'il sorte du comté de Bigorro pour toujours. Les parents du mort doivent lui pardonner s'il est hors la terre et s'ils prennent l'argent.

Et si l'homicide ne voulait payer ces amendes, nous devons nous saisir de tout ce qu'il peut avoir, et son corps doit être placé sous le mort.

Et des biens saisis nous devons donner aux parents de l'homme tué, la moitié si elle ne montait à plus de 300 sols.

Et si l'homicide, par bravade, restait dans sa maison, pour chaque nuit qu'il y resterait, en sus des ci-devant dites amendes nous devons recevoir 65 sols d'amende pour chaque nuit.

Et si un autre homme le soutenait par la force, nous devons recevoir de celui-ci 65 sols d'amende pour chaque jour.

Et si l'homicide restait dans la terre (de Bigorre) les parents du mort peuvent le tuer, sans être tenus de donner l'amende et de sortir de la ville.

Et si quelque homme étranger tuait un voisin de Bagnères, que le meurtrier ne puisse jamais entrer en dedans des limites de Bagnères, et s'il le faisait et qu'un voisin de Bagnères le tuât. le voisin de Bagnères ne serait tenu à rien envers nous ni envers personne autre.

Art. 28. (2) — Et si un voisin de Bagnères faisait tort par le feu ou le fer à un autre voisin, nous devons recevoir 65 sols d'amende et nous devons faire

---

(1) Feyt de orgulh. For gén., p. 85 en note, violence faite par orgueil, avec mépris, résistance faite à l'autorité.

(2) For gén., art. 62, p. 26 et suivantes. For de Morl. art. 11, p. 122.

aqued qui pres l'auera per cono-
gude dels iudges.

Art. 29. — E quels dam, per
for e per costume, que totes las
bendes que hom ni femne estrani aportara ni amenara a Banheres, que nos benen nis pauzen nis
estanquen per bene entro dentz
las cadenes dels borgs de Banheres, si no en die de marcad
o en feire.

Art. 30. — E nulhs no trego
de nulh blad de la biele de Banheres, de la feste de sen Iohan
Babtiste entro a la feste de Totz
Sentz, si no ag faze per grad de
la bezial.

Art. 31. — E quels dam per
for que nulhs hom no abergue em
maison de borzes de Banheres
ses de sa uoluntad.

Art. 32. — E quels dam per
for qe totz ans se cabien iudges
em Banheres; e la bezial quels
alhege, e nos quels deuem far
iurar.

Art. 33. — E quels dam per
for que, si nulhs hom plage de
plage legal autre home, la lei
del plagad es. C. e. L. sl. e la lei
nostre. LXV. sl. si es prauade
leialmentz per testimonis o per
.I. iudge iurad qui leialmentz la
age menade e gardeade.

Art. 34. — E quels dam per
for e per franquece que degun

réparer le tort et le dommage à
l'égard de celui qui les aura
subis, à la connaissance des
juges.

Art 29. — Et leur donnons
pour for et pour coutume que
pour tout ce qui est à vendre,
apporté ou amené à Bagnères
par un étranger, homme ou femme, que (le marchand) ne vende,
ne dépose, n'arrête pour vendre qu'en dedans des chaines des
bourgs de Bagnères, sinon les
jours de marché ou de foire.

Art. 30. (1) — Et que nul ne
tire du blé hors de la ville de
Bagnères depuis la fête de St-
Jean-Baptiste jusqu'à la fête de
la Toussaint, si ce n'est avec le
bon gré de la Véziau.

Art. 31. (2) — Et leur donnons
pour for que nul homme ne soit
hébergé en maison de bourgeois
de Bagnères contre la volonté
de celui-ci.

Art. 32. — Et leur donnons
pour for que tous les ans soient
changés les juges de Bagnères;
qu'ils soient élus par la Véziau,
et nous devons leur faire prêter
serment.

Art. 33. (3) — Et leur donnons
pour for que, si quelque homme
fait une plaie majeure à un autre homme, le blessé doit recevoir 150 sols d'amende et nous
65 sols, s'il est légalement prouvé
par témoins ou par juge juré qui
a suivi et surveillé loyalement
la plaie.

Art. 34. (4) — Et leur donnons
pour for et pour franchise que,

---

(1) A Morlaas défense de faire sortir l'argent.
(2) For de Morl., art. 42, p. 123.
(3) For gén., art. 158 et suivants, p. 61 à 66.
(4) For de Morl., art. 33, p. 120. For d'Oloron. art. 6, p. 213.

borzes ni estadgant dels borgs de Banheres que no donen lezde el comptad de Begorre, en nulh laug ni em Banheres, de negune cause, sino en die de marcad.

Art. 35. — E quels dam per for que si nulh borzes fermaue batalhe ab nulh home, la batalhe deu esser feite els dex dentz la biele de Banheres.

Art. 36. — E si nulhs hom fer autre en fere o en marcad, la nostre lei es. XX. de. e la del ferid autres. XX. d. el iudgament que deu ester feit e complid ses tot tens ades.

Art. 37. — E quels dam per for o per costume, que totz lors iudgamentz posquen clamar a Tharbe, e la que fenenesquen.

E nos Centod, compter de Begorre, dam e autreiam los auant ditz fors e costumes ester scruades e tengudes e amparades per nos e per totz los nostres successors, al laug e als habitadors dels borgs de Banheres presentz e abieders, per totz temps, asi cum auant dit ni escriut es, ses nulh corrumpement.

Pero si degun senhor apres nos i contrastaue en ren, que asi no ag tengos plenciramentz cum en aqueste carte es contengud, Nos auant dit Centod, dam e autreiam plener poder als auant ditz nostres borzes de Banheres que id los posquen prauar per segramentz, leialmentz, senes batalhes, e per madeis combent que posquen prauar totes lors heretadz e lors

aucun bourgeois ou personne domiciliée dans les bourgs de Bagnères, ne donne de redevance dans le comté de Bigorre, en nul lieu ni à Bagnères, pour nulle chose, si ce n'est les jours de marché.

Art. 35. — Et leur donnons pour for que si quelque bourgeois cautionnait bataille avec un autre homme, la bataille doit être faite en dedans des limites de la ville de Bagnères.

Art. 36. — Et si quelque homme en frappait un autre en foire ou en marché, l'amende reçue par nous est de 20 deniers, et celle reçue par le frappé de 20 deniers; le jugement doit être rendu et exécuté sans nul délai.

Art. 37. — Et leur donnons, pour for et pour coutume qu'on peut faire appel de tous les jugements à Tarbes, et là tout doit finir.

Et nous, Centod, comte de Bigorre, donnons et octroyons les ci-devant dits forts et coutumes pour être conservés, tenus et défendus par nous et par tous nos successeurs, au lieu et aux habitants de Bagnères, présents et à venir, dans tous les temps, ainsi qu'il est ci-devant dit et écrit, sans nulle altération.

Mais si quelque seigneur après nous y contestait quelque chose, et qu'il ne maintint pleinement tout ce qui est contenu dans cette charte, Nous, ci-devant dit Centod, donnons et octroyons plein pouvoir à nos ci-devant dits bourgeois de Bagnères, pour qu'ils puissent le prouver par serment, légalement, sans batailles, et par le même moyen qu'ils puissent faire la preuve de tous

dex e lors termes e lors pado-
entz.

Aso fo feit e dad a Banheres
IIII° Nonas madii, anno ab incarnatione Domini M° CLXX°
primo.

E nos Esquiuad, per la gracie
de Dieu compter de Begorre e
senhor de Chabanes, bistz e
auzidz aquestz fors e aquestes
costumes, ab autrei de la bezial
de Banheres que melhuram en
aquest for.

E dam per for e per costume
que si uns hom de Banheres
aucize autre som bezin, e si per
abenture, aqued se pode abier
e arcordar ab nos e ab los
parentz e ab la bezial, que no
gesqe de la terre ni de la biele,
mas en aquere maneire de estar
o d'anar, cum totes. III. las partides s'arcordaren, los parentz del
mort e Nos e la bezial.

E nos vistz e auzidz aquestz
auant ditz fors e costumes e
aquest melhurament, quels ag
auem autreiadz e iuradz sober
sentz que a fius ag tieran e nos
e nostres successors, cum auant
dit ni escriut es en queste
carte.

E per maior fermece nos quels
ag auem sagelad de nostre propri
sagel empendent.

Actum fuit hoc. III°, idus sep-
tembris anno ab Incarnatione
Domini M°. CC°. LI°.

leurs héritages, de leurs limites,
de leurs bornes et de leurs pâturages.

Ceci fut fait et donné à Bagnères le 4 des Nones de mai, l'an
de l'Incarnation du Seigneur
1171.

Et nous Esquivat, par la grâce
de Dieu comte de Bigorre et seigneur de Chabanes, vus et entendus ces fors et ces coutumes,
avec le consentement de la Véziau de Bagnères nous amélio-
rons ainsi ce for.

(1) Et nous donnons pour for et
pour coutume que si un homme
de Bagnères tuait un de ses voisins, et si par aventure il pouvait
convenir et se mettre d'accord
avec nous, avec les parents et
avec la Véziau, qu'il ne sorte
ni de la terre ni de la ville, mais
qu'il puisse y rester ou en sortir
lorsque toutes les trois parties
seront tombées d'accord, les
parents du mort et nous et la
Véziau.

Et nous vus et entendus ces
ci-devant dits fors et coutumes
et cette amélioration nous les
leur avons octroyés et nous
avons juré sur les saints qu'ils
les tiendront à fief, de nous et de
nos successeurs, ainsi qu'il est
ci-devant dit et écrit en cette
charte.

Et pour plus grande garantie,
nous la leur avons scellée de
notre propre sceau pendant.

Ceci fut fait le trois des ides
de septembre, l'an de l'Incarnation de notre Seigneur 1251.

F. SOUTRAS — DEJEANNE.

(1) Charte du Poat de Navarrens, Composition avec les parents pour homicide.

www.ingramcontent.com/pod-product-compliance
Lightning Source LLC
Chambersburg PA
CBHW061100080726
47596CB00010B/2609